富士山

Interpretive Guide Book

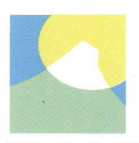

CONTENTS

1. はじめに

世界には、美しく豊かな自然が数えきれないほど存在し､多くの人々に感動を与えてくれます。中でも『富士山』は私たち日本人にとって、独立峰として聳え立つその美しい景観への感動以上に、特別な感情を抱かせてくれる山といえます。それは、古来日本人が火山噴火を繰り返す富士山へ馳せた想いや、信仰の対象としての畏敬の念が、日本人の精神に脈々と引き継がれてきたからだと考えられます。現在も富士山は、日本の象徴として、また日本人の心の拠り所として、多くの人々に愛され続けているのです。

近年、富士山への登山客は夏季の登山シーズンだけで年間 30 万人を超え、海外からの登山客も増加を続けています。ただ残念なことに、その多くは富士山登頂に意識が向くあまり、足元や周囲にある素晴らしい自然や伝統文化を目の前にしながら、その背後に隠されたストーリーに気づくことなくこの地を後にしてしまいます。

私は長年、ハワイ島や富士山など多くの地で、自然や文化の解説をするエコツアーガイド（インタープリター）を行ってきました。そして、富士山だけでなく、その土地にはたくさんの物語と心を動かされるメッセージがあることに気付かされてきました。

この本は、さらに多くの方々に富士山の真の姿を知り、より富士山を大切にしてもらえれば、との思いで作成したものです。皆様が富士山を訪れる際のお伴として、新たな気づきの一助となれば幸いです。

インタープリター　新谷　雅徳

富士登山に訪れると、天気の良い日は美しい山体が目に入ってきます。車窓からは麓の植林帯が樹林帯に移り、広葉樹や針葉樹のすき間からのぞく富士山は、どんな山なのか、きっと心を弾ませることでしょう。富士山周辺を含め富士山は、特有の自然が見られる場所であり、登ることに集中してしまいがちですが、足元にある溶岩の一片や一輪の花からも富士山大図鑑が始まります。

風景としてしか見ていなかった富士山が、ボクらに教えてくれたことの一つに、「過酷な環境であればあるほどいきものたちは、それぞれがもつ特性を環境の中で最大限に生かしている」ということです。形や色ばかりにとらわれがちですが、そこにもひとつひとつ工夫があり、虫たちと寄り添い、種をいかに遠くへ飛ばすか、鳥や動物たちにおみやげをつけて、その仕事を頼んだりもします。標高のある富士山では、光や風、霧の水分を利用し、土のない環境で植物たちは暮らしています。

たとえば、フジアザミという名前よりも、「大きなトゲがあって、風の力を借り400粒もの種を、100mも飛ばすことができるアザミが富士山にはあるということ」を知ってもらうことが大切とボクらは考えています。

富士山は限りない魅力に包まれ、多くの人の手により美しい山に回復してきています。ゴミ問題など課題は残されていますが、富士山は人を呼び、幸せを運ぶ山として、いつまでも心の支えであって欲しいと願っています。

アーティスティック　インタープリター　田神　稔夫

Spring 春
夏 Summer
Autumn 秋
Winter 冬

インタープリテーションとは

自然、文化、歴史を単なる情報として伝えるのではなく、その背後にある大切なメッセージを、自然や文化資源や書籍などを通して、楽しみや感動、気づきを人々に提供し伝える技術をいいます。

現在、世界の国立公園、世界遺産、博物館、観光地などで、エコツーリズムや環境教育の効果的な技術として広く活用されています。

また、これらの技術を持った解説者を「インタープリター」といいます。

そのため この本は、「インタープリティブ・ガイドブック」としました。

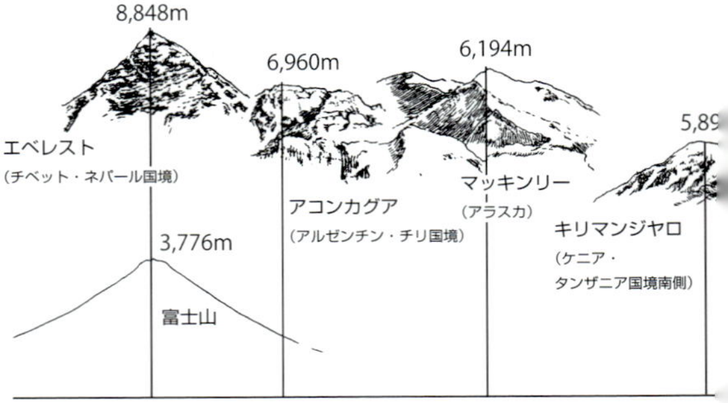

高さ

海抜：3,776m
日本最高位の独立峰です。

周囲（面積）

山麓：約 153km
お中道付近（海抜 2,500m）：約17km
山頂火口外縁：約 3km（P20）

位置

東経：138 度 45分1 秒
北緯：35 度 21分5 秒（最高点：剣ヶ峰）
日本列島のほぼ中心に位置しています。

活火山と成層《せいそう》火山

富士山は今も活動を続ける生きた山、活火山です。また、同じ火口からの度重なる噴火により、溶岩や火山砕屑物《さいせつぶつ》などが積み重なってできたため、円錐形《えんすいけい》をしています。このような火山を成層火山とよびます。

富士山の所有

富士山のほぼ北側が山梨県、南側が静岡県となります。富士山 8合目から山頂までの土地は、富士山本宮浅間大社（P35）に所有権があります。

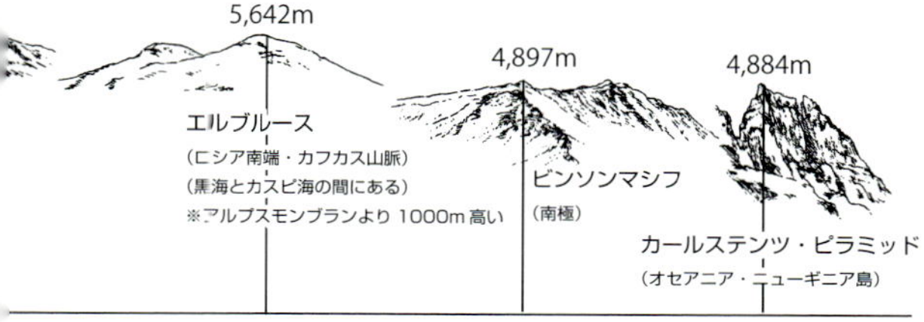

7大陸　最高峰

国立公園

富士山は「富士箱根伊豆国立公園」に指定されています。5合目以上のエリアや青木ヶ原樹海（P62）などは特別保護区域に指定されており、「溶岩の持ち帰り、植物採取」などが固く禁止されています。富士山から持ち帰るものは、素晴らしい思い出だけにしましょう！

高さの表し方

富士山の高さは、「○合目」という表し方をします。山頂を 10 合目として、下から1、2、3 合目と順に決められています。この合目の由来は、夜間登山の際に使った灯りの油、1合（約0.18リットル）が道のりであるという説、また、道しるべとしてまいた1合分の米がなくなった道のりであるという説などありますが、定かではありません。現在、5合目までは車の通行が可能です。

名前の由来

二つとして同じものがない「不二」からきたという説や、『竹取物語』（P47）にある不老不死の薬を焼いた山、「不死」からきた説など様々ありますが、定かではありません。その神秘性も富士山の魅力の一つではないでしょうか。

プレートテクトニクス

私たちの地球は、大きく分けて表面がプレート、その下にマントル、さらには地球の中心部である核でできています。

プレートは高熱のマントルの上に浮いていると考えられています。ちょうど温めた牛乳の表面にできる薄皮のようなものです。また、プレートはサッカーボールの表面のようにいくつかに分かれ、マントルの対流に乗って、それぞれが様々な方向に沈みこんだり、湧きあがったりを繰り返しています。

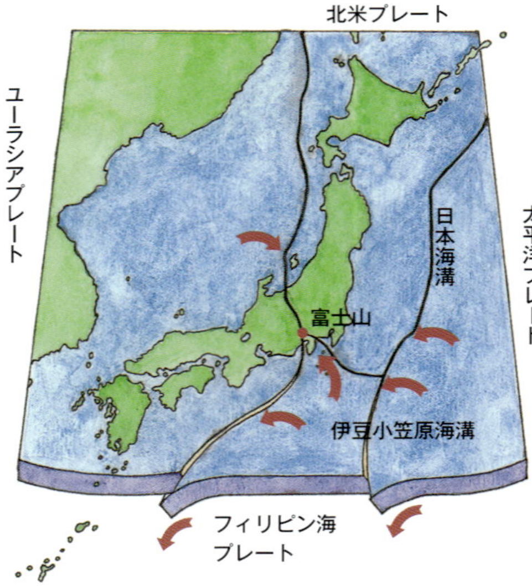

このようなプレートの移動をプレートテクトニクスとよびます。

ここ富士山一帯はユーラシアプレート、フィリピン海プレート、北米プレート、太平洋プレートの４つのプレートが地下で接している世界でも非常に珍しい地域なのです。

富士山の誕生

富士山の出現には、このプレートの沈み込みが深く関わっています。プレートが深く沈み込むにつれ、圧力と温度の上昇により、上部マントルの一部が溶け、マグマとなります。そのマグマがゆっくりと上昇して、20数万から10数万年前に地表に現れ、富士山をつくり上げたと考えられています。

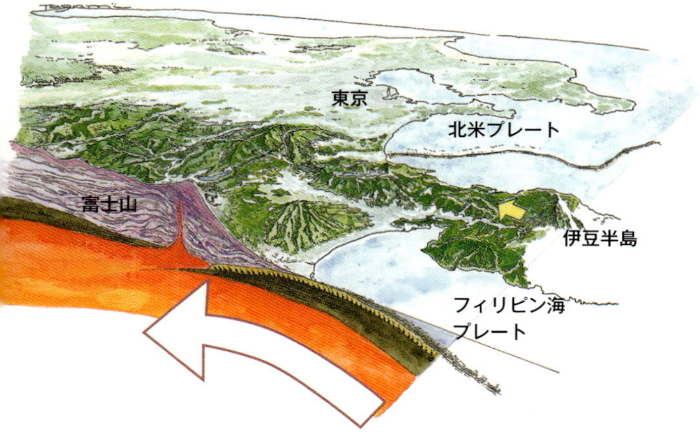

日本に地震が発生しやすいのは、主にこのプレートの運動が原因だと考えられています。プレートは東方から日本列島の下にゆっくり沈み込んでいます。そして、その堅いプレートが沈み込む際、きしんだり、擦れ合ったりし、これが地震となります。

3. 火山・生きた山

富士山のおいたち

富士山の度重なる火山噴火により、今の美しいかたちがつくりあげられました。現在、富士山は大きく分けて、3つの火山体でできていると考えられています。

小御岳《こみたけ》火山　20数万から10数万年前に現在の富士山のやや北側に誕生。比較的粘性の高い、安山岩質《あんざんがん》の溶岩でできています。

古富士火山　10万年ほど前に小御岳の中腹で誕生。度重なる噴火と山体崩壊を起こしながら、今の富士山の原型をつくりました。

新富士火山　約1万年前から噴火が始まり、現在の富士山が成長を始めました。溶岩は粘り気の少ない玄武岩《げんぶがん》質でできています。これが、現在私たちが見ている富士山です。

＊近年、小御岳火山の下に別の性格を持つ、先小御岳火山が発見され、富士山は４つの火山体でできているとも考えられています。

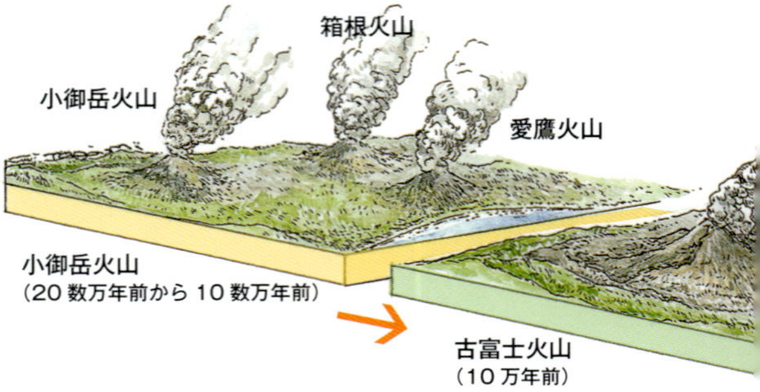

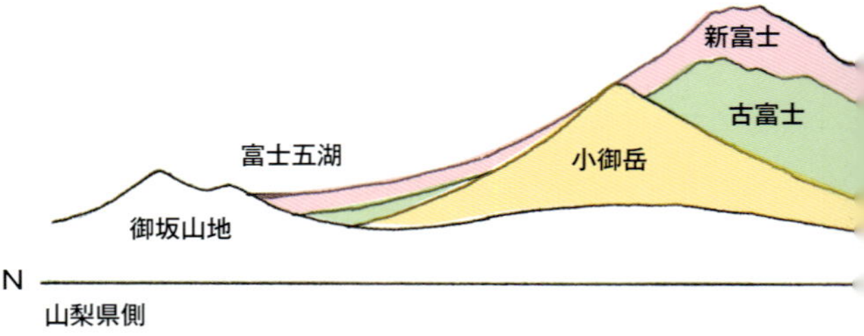

古い富士山が見られる

富士宮口６合目近くにある宝永火口（P18）の右肩部分には、約300年前に起きた宝永噴火の爆発で山体内部から押し上げられた、古富士火山の山体部が見られます。別名「赤岩」と呼ばれ、鉄分を含む玄武岩溶岩が、噴火時の熱と時間経過により酸化され赤くなったと考えられています。

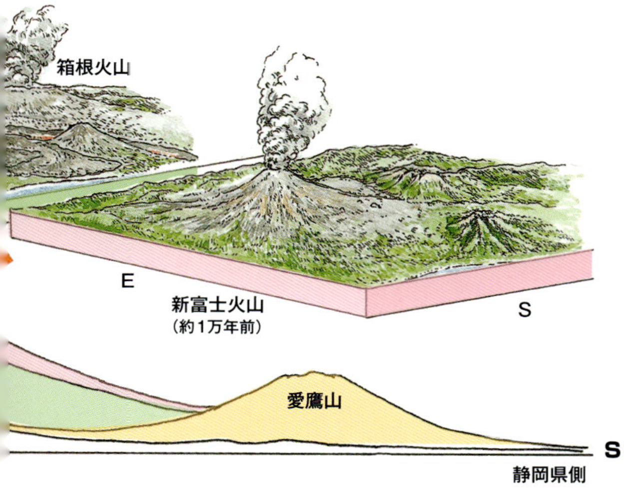

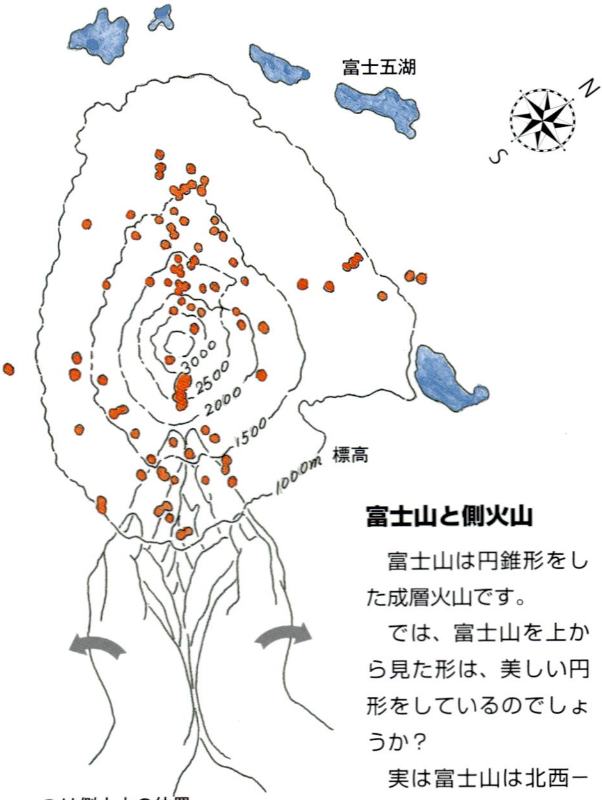

●は側火山の位置

富士山と側火山

富士山は円錐形をした成層火山です。

では、富士山を上から見た形は、美しい円形をしているのでしょうか？

実は富士山は北西－南東方向に横長に伸びた楕円形《だえんけい》をしています。

これには、北西方向に向かって日本列島の下に沈み込むプレートの力が深くかかわっています。その力により日本列島は南東方向から押され、北西方向に向かって､割れ目を作ります。ちょうど手のひらを合わせて、壁に向かって指先に力を加えると、手と手の間に隙間ができるのと同じです。

マグマはその割れ目（火道）から地表に現れ、長年かけて堆積することで富士山をつくりあげました。

図を見るとよく分かりますが、富士山はほぼ北西―南東方向に直線的に噴火を起こしたことが分かります。実際に富士山を西側、東側方向からよく眺めると、その稜線にいくつかコブのような噴火の跡が並んで見えます。

（山梨県環境科学研究所提供）

側火山の亘なる富士山

これら山頂以外で噴火した火山を「側《そく》火山」と呼び、そのほとんどはスコリア（P53）という黒くて小さな軽石のようなものが積み重なってできたものです。富士山の表面にはこのような側火山が100以上も存在し、富士山が活発に活動を行っていたことがうかがわれます。

富士山の横顔

富士山の周辺に住む人たちは、自分がいつも見ている富士山が一番美しいと言います。もちろん、子どもの時から常に見続け、愛着があるからなのでしょう。これは本当に素晴らしいことです。

富士山は横に長く、見る方角により全く違ったかたちで見えます。また、季節や時間帯により色を変え、様々な表情を見せてくれます。

どこから見ても美しい富士山ですが、皆さんはどの富士山がお好きでしょうか。

東

西

北

南

富士山が崩れている？

実は、富士山の西側斜面には、雨や西風などの影響で、日々凄まじい音を立てながら崩れ続けている「大沢崩れ」があります。最大の深さは 150メートルにも及び、土砂は平均すると1日に10トントラック 30台分といわれています。土石流発生の調査や対策などが行われ、土砂は水はけが良いため、家屋の地盤などにも使われています。

宝永火口

南側から富士山がくっきりと見えた時、その美しさに感動すると同時に、側面の大きな穴に驚く方も多いのではないでしょうか。

実はこれは富士山の側火山の一つ、「宝永火口」です。過去 2000 年の歴史の中で、最大級の富士山噴火であり、最も近年に噴火した火口跡です。この噴火は約 300 年前（1707 年 12 月16 日：宝永時代）に起こり、16 日間続きました。火山灰は偏西風にのって 100 キロ以上も離れた江戸まで到達し、多くの被害を出しました。

宝永火口は 3 つの火口（第 1、第 2、第 3）で成り立ち、最も大きな第 1 火口は直径 1.3 キロもあります。火口へは富士宮口 5 合目から歩いて 1 時間程度で到着し、火口の中央部まで行くことができます。地球のダイナミズムを体感できる格好のハイキングコース、ぜひ散策してみてください。

宝永第一火口

農民の命を救った、伊奈《いな》半左衛門《はんざえもん》

宝永噴火により富士山東麓の村の田畑は降砂に埋まり、農民たちは飢餓に苦しんでいました。

この被災地の代官に任命された伊奈半左衛門は、その悲惨な現状を知りましたが、幕府からは十分な支援を得ることができませんでした。そのため、その状況を見かねた半左衛門は幕府に知らせず、独断で貯蔵米を農民に分配し、飢餓から救いました。

やがて幕府の知るところとなり、島流しの終身刑となりました。自ら切腹したとも伝えられています。

自らの命と財産を賭けて、民衆を救った半左衛門の偉業は、300 年経った今も、語り継がれています。

山頂噴火口

富士山の山頂には、過去数100回噴火を起こし、約2200年前の大噴火を最後に休止した大きな噴火口があります。

直径：約600m
深さ：約200m
周囲：約3km
最高位：剣ヶ峰（海抜3,775.6m）

お鉢

その山頂火口の形が鉢に似ていることから、「お鉢」と呼ばれ、この周辺を回ることを「お鉢巡り」といいます。お鉢巡りの起源は、火口の周辺に連なる八つの峰々を仏教思想の極楽浄土を意味する蓮の花に見立て、この周辺を1周すること

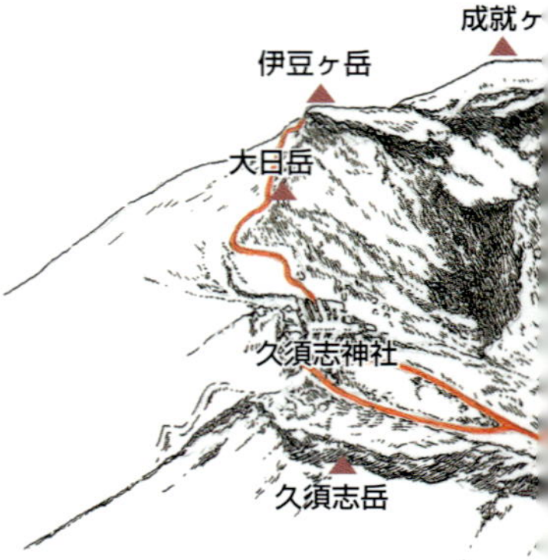

で、極楽浄土に行けるといわれています。

お鉢は1時間半程度で回ることができますので、もし、時間的・体力的に許されるなら、挑戦してみてはいかがでしょうか。

お鉢巡り

富士宮口・御殿場口登山道から山頂に登り詰めた終点には浅間大社奥宮（P38）、須走口・吉田口・河口湖口からの終点には久須志神社の両神社が鎮座し、多くの登山者が参拝に訪れます。

また、山頂のわずかな落差から湧く霊水「銀明水」、「金明水」があり、神聖な場所として祀られています。

この山頂には年中凍った状態の土壌「永久凍土」が存在しますが、冬の気温の上昇などにより、年々南斜面の凍土が縮小してきています。そのため、低い標高に生息するコケや地衣類も確認され、環境が変化していると考えられています。

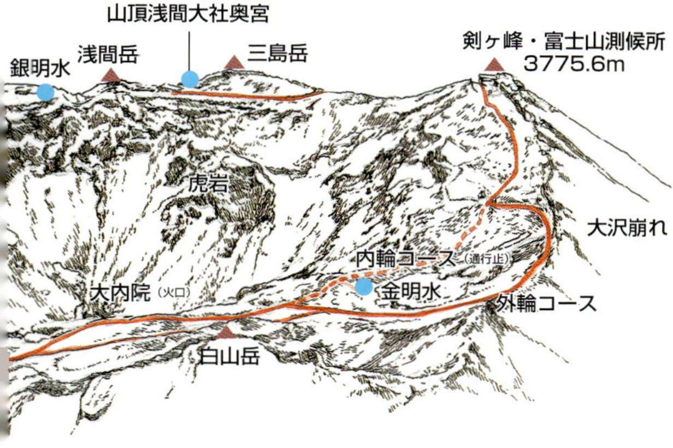

溶岩

溶岩は地球のお腹の中にあるマグマが地表を破り、表面に流出したものをいいます。例えるならば、人が小さなけがをした時、体内に流れる血液（マグマ）が、皮膚の傷から流れ出て（溶岩流）、それが瘡蓋《かさぶた》（火山）になる様子に似ています。マグマは地球の源、まさに地球は生きているのです。

ハワイ島ハワイ火山国立公園

富士山の溶岩は玄武岩溶岩であり、約50%二酸化ケイ素を含んでいます。溶岩流の温度は1100℃前後ですが、地表に現れる際、流れがゆっくりであれば、空気との温度差により急冷され、黒く固まってしまいます。溶岩には小さな穴が多数あります。これはマグマ内の火山ガスが表面に出る際、気圧の低下によって、泡となって固まったためです。ちょうど、炭酸ジュースを振った後、すぐに栓を開けて、泡が出るのと同じ仕組みです。

地表に現れた高熱の玄武岩溶岩流は、時間とともに固まり、新しい大地を形成します。そして、条件の違いにより異なった形状となります。

それでは、富士山で見られる溶岩流跡をいくつか紹介します。

ハワイ島ハワイ火山国立公園

パホエホエ（縄目状溶岩）

ハワイ語で「滑らか」の意味。流動性があり、ゆっくりと冷え固まると、滑らかで縄状の表面を作りあげます。

アア

ハワイ語で「ゴツゴツ」の意味。粘性が少なく、ゴツゴツとした溶岩。赤い溶岩は、溶岩に含まれている鉄分が古くなり酸化したものです。

ブロック

分厚い溶岩流がゆっくり冷えて固まったものです。

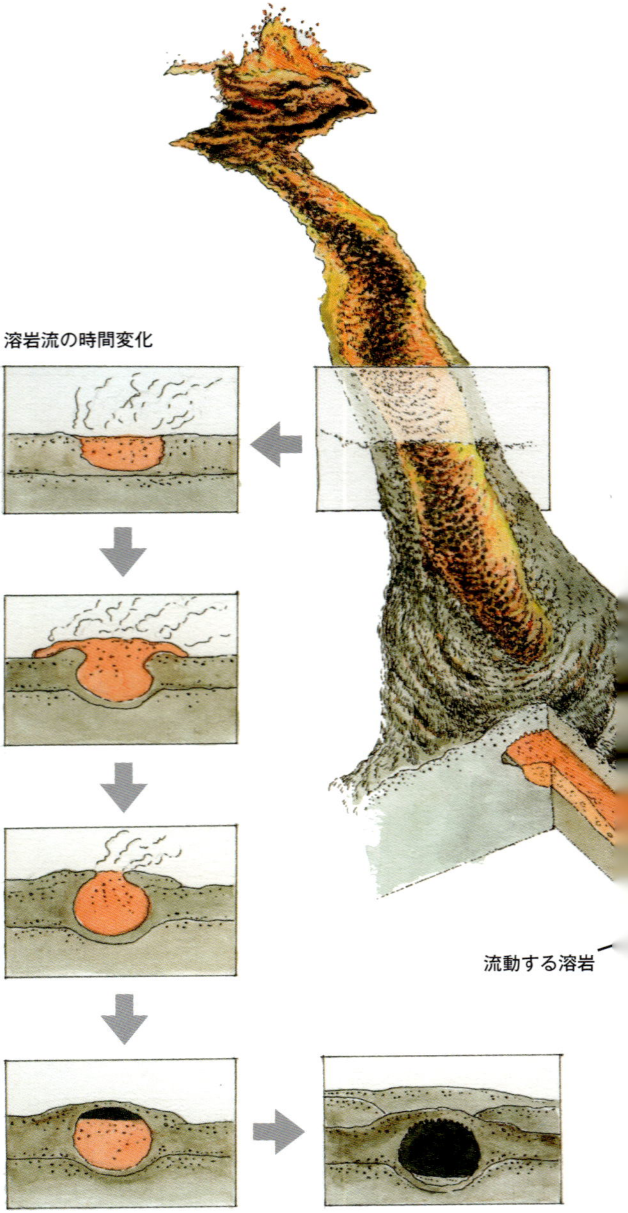
溶岩流の時間変化
流動する溶岩

火山洞窟（溶岩洞窟）

皆さん、実は富士山周辺には数多くの火山洞窟が点在し、その数が世界のトップレベルであることをご存知ですか？

特に北側の青木ヶ原樹海の原生林（P62）の地下には、約1100年前（864年）の大噴火の際にできた火山洞窟が100以上も点在しているといわれています。

これら火山洞窟は、地下水により石灰岩が浸食されてできた洞窟鍾乳洞とは異なるものです。

火山洞窟のでき方

パホエホエ溶岩流が流れる際、その表面は空気により冷やされ、固まってしまいます。

しかしながら、内部の溶岩流は高温のまま流れ続け、それがすべて流出してしまうと、抜け殻のように横型の長い円柱の穴が残ります。それが火山性の溶岩洞窟なのです。

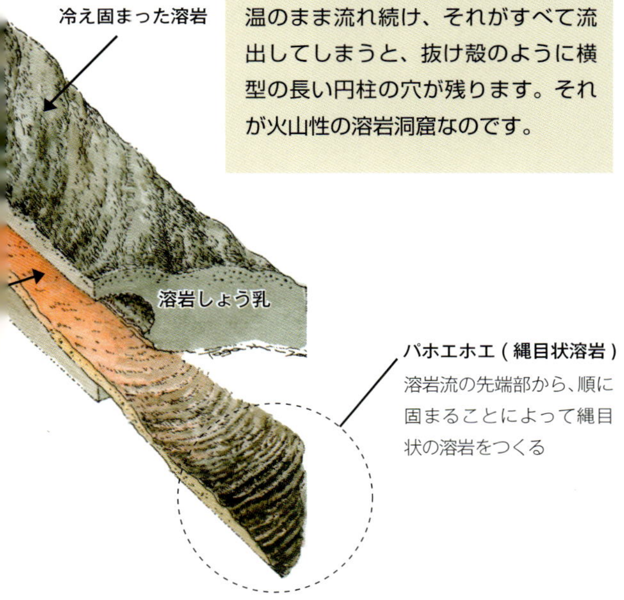

洞窟の神秘

地下の世界は私たちが暮らす地上とは全く異なり、ほとんど光が入ることがありません。

洞内は洞窟ができた1100 年前とほとんど形を変えることなく、私たちをその時にタイムスリップさせてくれます。天井には、過去に高熱の溶岩が洞内を流れた際、その熱によって溶かされて固まった跡、溶岩しょう乳が見られます。

溶岩しょう乳

耳を澄ますと、水滴が奏でる演奏会が聞こえてきます。

この水は、森の木々から、コケ、腐葉土、溶岩の割れ目、そして溶岩鍾乳などを伝って落下してきたもので、ふたたび長い旅に出かけます。

青木ヶ原樹海には氷の洞窟、氷穴が存在します。この地は洞窟が森に覆われているため、基本的に気温が低く、冬には低温の空気が洞内を冷やし、そこに浸透してきた雨水を氷に変えます。また、夏でも冷えた空気のバリアが洞内を覆うため、1年を通して氷が見られるのだろうと考えられています。

溶岩樹形《じゅけい》

噴火の際、溶岩流は森の木々の間をすき間なく流れていきます。樹木は溶岩に取り囲まれ、やがて焼けてしまいます。そして、溶岩は樹木の形のまま固まり、縦形の溶岩樹形となります。また、流れの力に樹木が耐えきれなくなると、樹木はなぎ倒され、横形の溶岩樹形になることもあります。

＊洞窟は危険を伴います。専門のエコツアーガイドの同行者と入洞することをお勧めします。

富士山は大きな水瓶

3章で、火山噴火や地震などの自然災害について紹介しましたが、富士山は、災害より、むしろ私たちにより多くの恩恵を与えてくれます。中でも最も重要なものが、「水」です。

富士山全域で年間約 22 億トンの雨や雪が降るといわれています。しかし、富士山には川が存在しません。では、いったいその水はどこへ行ったのでしょう。

答えは、富士山の内部です。

富士山に降った雨は、岩と岩のすき間が多い新富士火山（P12）の中をゆっくり浸透していきます。その後、古富士火山の表面にあり、水を浸透させづらい、古富士泥

白糸の滝（富士宮市）

流の上に到達します。そして、後から降ってきた雨により、中の水は押し出され、富士山の麓《ふもと》から湧き出ていると考えられています。まさに富士山は“水の山”なのです。

また、森のコケや腐葉土は、「自然のダム」として、ゆっくりと水を浸透させせることで、土砂崩れを食い止め、私たちの飲み水に豊富なミネラルをも与えてくれるのです。

白糸の滝では、富士山の内部に浸透した水が、多量に流れ出る様子が見られます。

4. 富士山の恵み、湧水

白糸の滝

湧玉池

富士山周辺は湧水の宝庫

図を見ると分かるように、富士山麓では多くの場所から清らかな水が湧き出ています。そして、その恵みは住民の飲料水、生活用水、農業用水、産業用水として利用されてきました。

しかし、その多くは、溶岩層に穴を開けた地下水のくみ上げによるものであり、湧水の枯渇や湧水システムの崩壊などの問題を引き起こしています。私たちは今、湧水の仕組みをしっかりと知り、森を守り、計画的に富士山からの恵みを大切に利用する必要があるでしょう。

忍野八海

柿田川

富士山の酒はうまい!!

それは、富士山からのおいしい水があるからです。

今も富士山周辺の酒蔵では昔ながらの手法で米を作り、おいしい酒を作っています。まさに、富士の恵みと人々の知恵の結晶です。

富士錦酒造提供

神道

自然は恩恵とともに、時として、災害をもたらします。
日本列島は、地球上でも非常に特殊な自然環境にあります。私たちの祖先は、火山活動による噴火や地震、台風、洪水などの自然災害と常に隣り合わせにあり、自然を常に意識しながら生きてきました。

彼らは、その圧倒的な自然の力を恐れ、山、川、水、大地、火、雨、風など自然界に存在するすべてのものに、神が宿ると考える「八百万《やおよろず》の神々」の存在を信じるようになりました。そして、その怒りを鎮め、恵みを与えてもらえるようにと願うようになりました。

それが日本固有の「神道」として日本全国に広まることになったのです。

山神（西臼塚）

富士山本宮浅間大社

浅間大社が祀られた時は、富士山の神々しい姿と、噴火・噴煙を繰り返す姿を見て、人々が富士山に対して特別な想いをはせたのでしょう。富士山を神として祀ったことは、誰もが容易に想像できるのではないでしょうか。

拝殿

現在、富士山の神道の神が祀られる富士山本宮浅間大社は、全国 1300 以上ある浅間神社の総本宮として静岡県富士宮市に鎮座しています。それは、度重なる富士山の火山噴火を鎮めるため、紀元前 27 年に垂仁《すいにん》天皇が、富士山そのものをご神体として祀ったことが起源とされています。

その頃は富士山に直接お参りでき、富士山に近い場所、山宮に鎮座していました。その後、806年、平城天皇の命により坂上田村麻呂《さかのうえのたむらまろ》が現在の地、大宮に社殿を造営し、遷座されました。

本殿

現在見られる社殿は、1604 年に将軍、徳川家康により造営されたものです。途中解体修理が行われたものの、本殿、拝殿、楼門は当時の建築様式がそのまま引き継がれています。

本殿は国の重要文化財に指定されています。

湧玉池《わくたま》

（富士山本宮浅間大社）

境内には湧玉池という湧水があり、火を鎮めてくださる水徳の神、コノハナサクヤヒメ（木花咲耶姫）（p39）を祀るために、ここに大社が構えられたと考えられています。

また、富士山登山信仰、富士講（P42）が盛んであった江戸時代には、信者たちは富士山へ入山する前に、この霊水で身体を清めるみそぎを行っていました。現在も7月1日午前零時、富士山山開きの際、安全を祈願してみそぎが行われています。

北口本宮冨士浅間神社

山梨県富士吉田市に鎮座する北口本宮冨士浅間神社は、富士吉田口からの入山の起点となる神社です。国の重要文化財に指定された本殿、東宮、西宮本殿が鎮座しており、日本最大の両部大鳥居や樹齢 1000 年ともいわれる杉のご神木（根回り 23 メートル）が配されています。

この神社の始まりは、110 年、日本武尊《やまとたけるのみこと》が東方遠征の際に、富士山を拝み祀った説、また、垂仁天皇の時代に、富士山の噴火を恐れる人々の心を鎮めるために、コノハナサクヤヒメを祀ったという説が考えられています。

現在、8月26日・27日は、富士登山のお山じまいの行事として、日本三奇祭のひとつである「吉田の火祭り」が行われています。

吉田の火祭り　（富士吉田観光振興サービス提供）

富士山頂上浅間大社奥宮 （P21 イラスト参照）

富士山８合目以上の、登山道や富士山測候所跡を除く、約120万坪（４平方キロメートル）は浅間大社の境内と指定されています。

現在、表口（富士宮口）から登り詰めた富士山頂上に奥宮が鎮座しており、主祭神としてコノハナサクヤヒメが祀られています。

富士山頂上浅間大社奥宮（富士宮市提供）

久須志神社《くすし》 （P20 イラスト参照）

この神社は砂走口、吉田口、河口湖口の登山道から登り詰めた山頂に鎮座し、奥宮の末社として、大名牟遅命《オオナムチノミコト》と少彦名命《スクナヒコナコミコト》が祀られています。

現在も、多くの登山客が様々な願いを背負って山頂にある両神社を参拝しています。

コノハナサクヤヒメ
（木花咲耶姫）

富士山本宮浅間大社の水徳の美しい女神、コノハナサクヤヒメのお話です。

日本書紀の中の神話によると、山の神様であるオオヤマヅミの娘である姫は、ある時、ニニギノミコトに見初められ結婚を申し込まれました。そして、ニニギノミコトは一夜を過ごした後、旅立っていきました。一年後、旅から戻ってきたミコトは、姫が身ごもっているのを、自分の子なのか疑いを持ち、「一夜にして身ごもったとは誰の子か」と姫を追及しました。姫は身の潔白を晴らすため、「あなたの子であれば火の中でも無事に産まれましょう」というと、自ら産屋に火をつけ、燃え盛る炎の中で 3 人の子どもを無事に出産しました。こうして、身の潔白を証明したと伝えられています。今も、コノハナサクヤヒメは水徳、安産、家庭円満の神として、人々に親しまれています。

富士曼荼羅図《ふじまんだらず》〈重要文化財〉
（富士山本宮浅間大社蔵）

時が経つにつれ、富士山は遠くから崇める山から、登山信仰の対象となりました。

平安時代(794 ～1185年)末期、末代上人《まつだいしょうにん》(富士上人)は、富士山頂登山を数百度行い、山頂に大日寺という仏閣を建て、富士山修験道として山岳仏教の基礎を築いたとされています。

左の曼茶羅図は、室町時代(1336～1573 年)末期、狩《か》野元信《のうもとのぶ》により描かれたものだと考えられており、当時の信仰登山者の様子がよく描かれています。

山頂の極楽浄土から 3 体の仏様が、裾野から山頂を目指す登山者を見守っておられる様子が分かります。

浅間大社の霊水で身体を清めるみそぎの様子

当時は女人禁制の修験山であったため、中腹以上に女性の姿はありません

修験者が松明を持って登っています。朝早くから山頂を目指したことがうかがい知れます

5. 信仰・神の住む山

富士講

江戸時代（1603 ～1867 年）初期になると、修験とは異なる、幸福、健康、一族の繁栄などを願った富士山登山信仰「富士講」が関東を中心に広がりました。そして、その頃から富士登山がより一般化してきたといわれています。

富士講の始祖は長谷川角行《かくぎょう》（1541～ 1646 年）といわれ、洞窟での千日修行で悟りを開き、百回以上の富士登山、三百日の断食など様々な難行苦行を行ったといわれています。

角行伝説

「人穴」という洞窟で、水のたまった洞内に突き立てた一辺14センチの角材の上に立ち､水とわずかな果実だけで、暗闇の中千日修行を行い、悟りを開いたとの伝説があります。現在も富士宮市にこの人穴はあり、富士講の聖地として大切に守られています。

六根清浄《ろっこんしょうじょう》

末代上人の登山以後、信者は登山をする際、「六根清浄」と唱えながら登るようになりました。「六根」とは眼、耳、鼻、舌、身、意の人間がもつ6つの知覚作用をいい、「六根清浄」は、それから生じる欲望を、登山によって、心身ともに清めるという意味を持ちます。それは富士講へ引き継がれ、今でも六根清浄を唱えて登る方々が多くおられます。

「どっこいしょ」や相撲の「どすこい」の語源は六根清浄からきたともいわれています。

富士塚（富士市）

富士塚

富士講が盛んになった江戸時代、富士山への参拝登山は多くの人の憧れでした。

ただ、すべての人が挑戦できたわけではありません。健康上の理由や女性であるという理由などで、多くの人々は登ることができませんでした。そのため、各地で土や石などを積み重ねて富士山を模した「富士塚」が作られ、身近に誰でも参拝できるようになりました。現在でもこの「富士塚」は日本各地に残っています。

廃仏毀釈《はいぶつきしゃく》

これまでの歴史を見ると、富士山は「神道」と「仏教」が融合し、そして共存してきた山であったとお分かり頂けるのではないでしょうか。

1868 年（明治元年）、明治政府は祭政一致を目指し、神仏分離の政策を発令しました。それにより、全国各地で仏教排斥運動が起こり、浅間大社だけでなく多くの神社から仏像や仏具など仏教的なものが取り払われてしまいました。

以前は、富士山山頂にも、多数の仏像が並んでいたといわれていますが、多くの石仏は谷に投げ入れられ、顔が破壊されてしまいました。

発令から 7 年後、住民の反対も高まり、政府により宗教の自由が認められるようになりましたが、その悲しみを消すことはできません。

現在、山頂にいくつかの石仏が残されており、その悲しい歴史を私たちに伝えてくれています。

初めての女性登山者

富士山は 1872 年の女人禁制が解かれるまで、女性が登ることは認められていませんでした。しかし、それを打ち破った女性がいます。1832 年、「高山たつ」という女性が、男装し、富士講信者と共に女性で初めて富士山登頂に成功し、女性初の富士山登山者となりました。

初めての外国人登山者

1860 年、初代駐日英国公使であったオールコックは、外国人で初めて富士山登頂に成功しました。その頃の江戸幕府は外国人を入山させることを心良しと考えておらず、住民の反発による危険性などを理由に止めようとしました。しかし、彼の熱意に押され、外国人として初めての登頂を成功させることができました。

オールコック（富士宮口新５合目）

美しく、私たちに感動や恩恵を与え、時に我々に脅威を与える富士山。多くの人々の思いのもと、長い歴史を経て、今の富士山があります。そして今は、老若男女、日本人、海外からの人に関わらず、誰もが登ることができます。この歴史を知れば、富士山の見方も変わるのではないでしょうか。

日本文学

富士山は古くより、噴火の様子を人生や恋心に喩えられるなど、日本の文学の中でよく取り上げられ、人々の富士山に対する想いがうかがわれます。

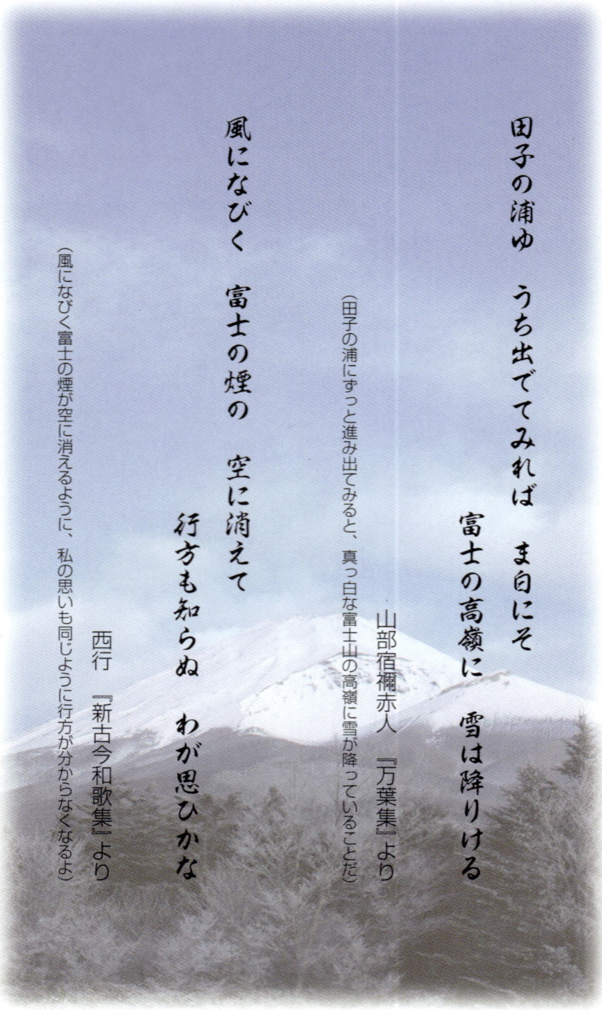

田子の浦ゆ　うち出でてみれば　ま白にぞ
富士の高嶺に　雪は降りける
山部宿禰赤人　『万葉集』より
（田子の浦にずっと進み出てみると、真っ白な富士山の高嶺に雪が降っていることだ）
風になびく　富士の煙の　空に消えて
行方も知らぬ　わが思ひかな
西行　『新古今和歌集』より
（風になびく富士の煙が空に消えるように、私の思いも同じように行方が分からなくなるよ）

伝説「竹取物語」

「今は昔、富士山麓に老夫婦が仲良く暮らしていました。ある日、夫婦が竹取りに出かけたところ、光り輝く竹を見つけ、その竹を割ってみると、中からかわいらしい女の赤ちゃんが出てきました。子どものいない夫婦はその子を「かぐや姫」と名付け、神様からの授かりものとして大切に育てました。時が経ち、かぐや姫は美しく育ち、5人の貴公子や天皇から求婚されましたが、無理難題を言って断り続け、最後には月に帰って行きました」

この話は非常に有名な伝説ですが、ここ富士山麓では、最後に富士山に帰って行ったとされています。

そして、天皇はかぐや姫からもらった「不死（ふじ）」の薬を、姫なしでは長生きしても意味はないと、山頂で燃やしたため、その煙が立ち昇ったとされます。おそらく、その頃には噴煙が上がっていたのでしょう。

富士の名前はこの「不死」から来たとの言い伝えが残っています。

浮世絵「葛飾北斎」

浮世絵風景画家の葛飾北斎は、70 歳の時に富士山をテーマに「富嶽三十六景」の浮世絵版画を制作しました。その中の作品の一つ「山下白雨《さんかはくう》」です。

葛飾北斎《かつしかほくさい》 1760～1849 年

江戸時代に活躍した世界的に著名な浮世絵師。印象派画家のゴッホや音楽家のドビュッシーにも多大な影響を与えた絵師として有名です。

暗い雲間に地響きを立てて、赤い稲妻が光り、東の空に暗い雲を落とす。うっすらと立ちこめた白い雲は霧雨を運んでいるのだろうか。冠雪を抱いてそびえ立つ富士は何も動じず、夏の雲を眼下に見下ろしています。別名「黒冨士」とも呼ばれ、この富士山を見ていると、天候に慌てた人々の暮らしが見えてきそうです。

7. 富士山の植物

植物の垂直分布図

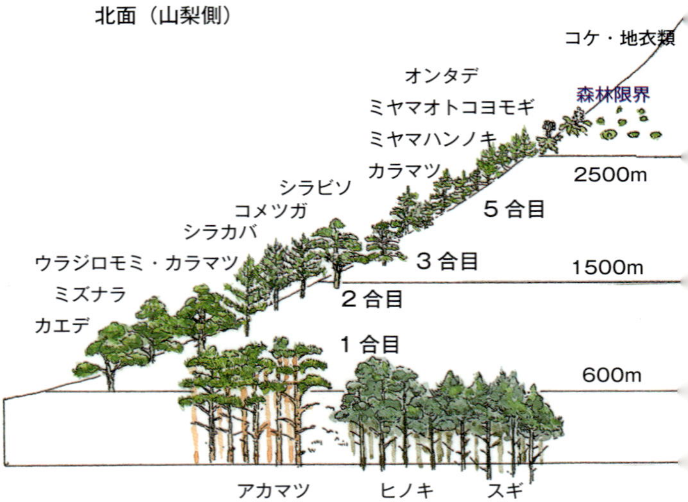

植物相

富士山を訪れる際、5 合目までの移動中の車窓から、ぜひとも周辺の森の変化を気をつけて見てみてください。標高が変化するに従い、木の種類が変化することに気づくはずです。このように、標高の違いにより植物の分布が変化することを、「植物の垂直分布」とよびます。

富士山は、この垂直分布が顕著に見られる博物館のような場所なのです。

また、高度だけでなく北側と南側では若干植生が異なり

オオシラビソの球果
(*Abies mariesii*)

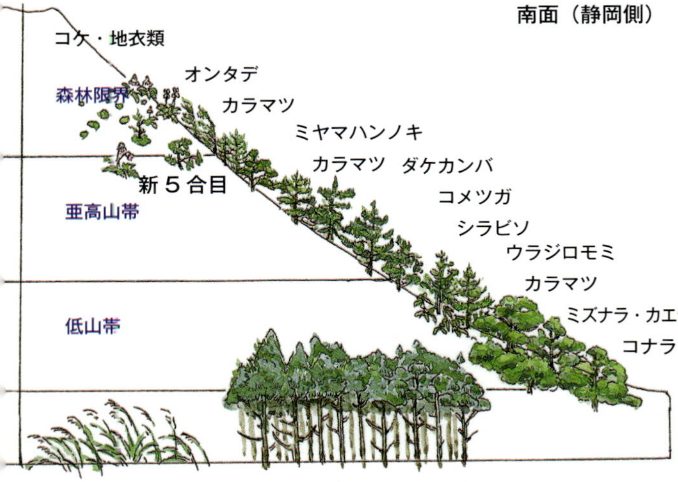

ます。南側は日光を好む植物、北側は日陰を好む植物が生育しています。植物は温度、光、水分などの微妙な環境変化に適応しながら生きているのです。

５合目から上を望むと大きな木々が見当らなくなります。これはここが高木が生育できなくなる限界高度であり、「森林限界」とよびます。5 合目から少し登ると、富士山の森林限界を歩くこともできますので､ぜひ足を延ばして、その変化を楽しんでみてください。

カラマツの球果

(*Larix Kaempferi*)

紅葉したパッチ

森林限界以上の植物（高山帯）

　このエリアは植物にとって非常に過酷な環境です。それにはいくつかの要因があり、一日および季節間の温度差が非常に大きい、植物の生育できる期間（春～秋）が短い、日々風が強い、雨の降る時と降らない時の降水量の差が激しいなどが考えられます。

　それに加え、富士山では、地形が多孔質の軽石（スコリア）などでできているため、簡単に地面が崩れ、植物が自らの体を支えにくいという要因もあります。

　高山帯の植物はこのような環境のもと、様々な知恵を使って生き延びているのです。

スコリア

パッチ

　富士山の5合目から上を望むと、草の塊が火山荒原の上に、あちらこちらで見られます。これは「パッチ」といわれる、オンタデ（P54）などの植物がつくる集まりです。風に運ばれて、発芽できたものは、自分の株から根を出し、やがて茎を出し、何代もかけて、少しずつこのパッチを広げ、子孫を増やしながら生き続けています。

オンタデ（*Aconogonum weyrichii var. alpinum*）

タデ科 オンタデ属

草丈：20 ～ 80cm

火山荒原で生きるオンタデは高山帯の他の植物と比べ、最も遅く芽を出し、一番早く葉を落とします。地中で暮らすたった 2 カ月半の間で、子孫をつくり、地下にまっすぐな根を伸ばし、栄養分を蓄えます。また、果実に小さな翼をもち、風による散布がしやすいように出来ています。過酷な環境では、生き残ることが非常に困難です。皆さんが富士山で見られるオンタデは、たまたま、生き残ることができたものなのです。

メイゲツソウ（*Reynoutria japonica f. colorans*）

タデ科 イタドリ属

雌株

草丈：50cm 程度

フジハタザオ（*Arabis serrata*）

アブラナ科 ヤマハタザオ属

草丈：10～30cm

名前に“富士”のつく富士山の固有種です。

多くの光を得るために、葉を地表面に平らに広げます。このような葉の形を持つ植物は、「ロゼット植物」と総称され、地面にべったりと張り付くため、強風でも飛ばされにくいという利点もあります。

そして、スコリアが崩れ、押し流され、たとえ一部根が切れたとしても、たくさんの細い根を使って十分成長することができます。

また、フジハタザオは冬季、氷点下になっても、緑の葉を持ち続け、春先にどの植物よりも早く光合成をすることができます。

5 合目付近（亜高山帯）

5合目付近では木本植物が現れます。草本植物のパッチ(p53) は、大きく広がると過密状態となり、中心部が枯死します。そのドーナツ状の中心部は、栄養もあり、風よけにもなるため、カラマツなど木本植物の種子の発芽にとって好都合で、生長するのに適した環境となります。

まさに、このエリアは植物たちの働きを目の当たりにできる貴重な場所なのです。

カラマツ（*Larix kaempferi*）

マツ科 カラマツ属

樹高：20 ～ 30m（普通の環境）

5合目付近に、目立って見られる針葉樹があります。それがカラマツです。

富士山に生息するカラマツは、このような栄養の少ない環境でも、生きることができるのです。

カラマツは普通の環境では、まっすぐに 20 メートル以上も伸びる樹木です。しかし、富士山のように強風の吹く環境では、変幻自在に体の形を変え、盆栽のように地面の上を這いつくばって生き延びています。

日本のほとんどの針葉樹は常緑ですが、秋になると黄葉し、冬になると落葉するという特徴をもっています。富士山でも、カエデやダケカンバなど紅葉、黄葉する植物が多くありますが、このカラマツは金色に輝き、秋になると富士山を黄金色に染め、私たちの目を楽しませてくれます。（Ｐ６秋）

ミヤマハンノキ（*Alnus maximowiczii*）
カバノキ科 ハンノキ属
樹高：5 ～ 8m

5 合目付近の森の中をゆっくり歩いていると、薄いシナモンのようなあまい香りが漂ってきます。正体はその葉に特徴を持つミヤマハンノキです。この香りは昆虫などから身を守る術だと考えられています。人間にとっていい香りでも、虫にとってはいやな香りなのです。

ミヤマハンノキは放線菌と共生することで、やせた土地でも空気中の窒素を固定して栄養とすることができます。また、葉に残った多くの養分を、自身で回収しないまま落葉し、土壌に大量の窒素を供給します。このような植物のことを、「緑肥植物」とよびます。

お中道の植物（富士吉田口５合目付近）

お中道は富士山の中腹の高山帯と針葉樹林帯の境を歩く登山道で、富士登山ルートの富士吉田口入口からスタートします。ほんの少しでも時間があれば、散策してみてください。可憐な植物に出会えると思いますよ。

マメザクラ／フジザクラ

(*Prunus incisa*)

バラ科 サクラ属

コケモモ

（*Vaccinium vitis-idaea*）

ツツジ科

スノキ属

ムラサキモメンヅル

（*Astragalus adsurgens*）

マメ科 ゲンゲ属

ハクサンシャクナゲ

（*Rhododendron brachycarpum*）

ツツジ科 ツツジ属

樹高：1 ～ 2m

ツツジ属は世界のきわめて広い範囲で分布する常緑の植物です。登山期である 7 月から 8 月頃には、白色で赤味を帯びた大きな花を咲かせたハクサンシャクナゲが、北側の斜面で多く見られ、お中道では近くで観察することができます。

常緑樹は一般的に葉に光沢があり、葉は長持ちします。車のワックスと同じように、ワックスは雨によって運ばれる菌類を、寄せ付けない働きをします。ハクサンシャクナゲは冬の間は葉を丸めて、垂れ下がらせます。葉を小さくすることで、葉から出る水分量をコントロールしていると考えられてます。

山地帯

フジアザミ

(*Cirsium purpuratum*)
キク科アザミ属
草丈：0.5～1m

赤紫の美しい花を咲かせる、日本で一番花の大きなアザミの仲間です。美しい花には、やはりトゲがあります。くれぐれも気をつけてください。

フジアザミの種

果実は多い個体で400粒もあり、それぞれに小さな羽が付き、周囲100メートル以上も飛び繁殖することができます。また、地中1メートル以上まで根を張り、スコリアでできた不安定な環境でも、自らを安定させることができます。現在、この特徴を利用し、砂礫地が広がる宝永火口の崩壊や雪崩を防ぐための、植栽活動なども行われています。

植物は、次世代へ命をつなぐため、頑張って生きています。摘み取らず、そっと観察しましょう。

青木ヶ原樹海

（標高 920 ～ 1300 メートル）

面積：約 3000ha

青木ヶ原樹海は､864年の噴火（P32）の際に流れ出た溶岩流の上に、約1100年かけて自然に形成された針葉樹と広葉樹の混合林です。森の年齢で考えると1100年余りはまだまだ成長過程であるといえます。

青木ヶ原の名前の由来は､｢周辺の山から見ると、風になびく緑が海のように見える｣からといわれています。

この森に入ると、皆さんが知る森とは全く異なる印象をもつはずです。それは、この森のほとんどの木々の根が表面に現れ、一面くねくねと地表を這っているからです。

樹海（くねる木の根）

これには理由があります。それは、地表が溶岩流で覆われているため、植物が根を下ろせないからです。

溶岩台地というほとんど栄養のない場所から、ゆっくりと森を作り上げてきたため、土の厚さはたった数センチしかありません。そのため、台風などの強い風が吹くと木は倒れてしまいます。しかし、これは自然のサイクルなのです。倒れたことで森に新しい光が入り、やがて木は朽ち、土となり、木を育て次世代に命のバトンタッチをすることで、さらに豊かな森を作り上げていきます。樹海の植物たちはこのような過酷な環境の中、懸命に生きているのです。

（山梨日日新聞社提供）

人の手の入った森（山麓帯）

日本の森林面積は、国土面積の約７割で、その内の約４割が植林によって生まれた人工林です。皆さんが一番出会う森は、木が並んでまっすぐに伸びたスギとヒノキの植林地ではないでしょうか。

なぜ、スギ・ヒノキ林がこれほど多いのでしょう。それは戦中もそうでしたが、戦後復興のためにも、大面積の森を伐採し、成長が早く、幹がまっすぐで、加工のしやすいスギ・ヒノキを植林したからです。

現在、日本では大きな問題が生じています。それは、海外からの材のほうが日本材より安く手に入り、日本材が使われなくなったことです。これにより、スギ、ヒノキの森は手入れをされなくなり、森には十分に光が入らず、荒れた森になっています。また、この手入れをされないスギ、ヒノキの花粉が私たちを悩ます花粉症の原因になっているのです。

スギ・ヒノキの植林帯

スギ

(*Cryptomeria japonica*)
スギ科 スギ属
樹高：30 ～ 40m

和名は“まっすぐ”からきたともいわれ、まっすぐに伸びることが特徴です。非常に水に強く、加工しやすい木でありながら、強度も備えるため、手入れをすれば優良の建築材となります。屋久島には樹齢千年を超えるスギも数多く生息しています。

ヒノキ

(*Chamaecyparis obtusa*)
ヒノキ科 ヒノキ属
樹高：30 ～ 40m

ヒノキは 1300 年間建ち続ける奈良・法隆寺の五重塔の材木として有名で、内部までよく乾燥し、狂いを生じにくい性質をもちます。また、芳香性のあるカジノールという物質を含み、腐りを押さえます。法隆寺の古材を削った際、芳香が残っているほどの耐久性を持つ優良材となります。現在日本では、日本材を使った家造りの推進や森の手入れ活動が広がっています。

8. 富士山に住む動物

哺乳類

富士山には、多種多様な植生環境を活用し、様々な野生の哺乳類が生息しています。現在、富士山では37種が確認されており、その中には貴重種であるニホンカモシカやニホンツキノワグマなども含まれています。

その中でも、特徴のあるいくつかの動物たちを紹介します。

ニホンカモシカ

(*Capricornis crispus*)

ウシ科 ヤギ亜科 カモシカ属

(特別天然記念物)

体長：100 ～ 120cm

ニホンカモシカは日本固有の種であり、貫禄を備えた、まさに山の主です。草食で、暑さに弱く、夏の間は高山地帯、冬になると低地の広葉樹林帯に餌を求めて暮らします。

木の葉、草、ササなどを主食とし、冬はそれらがなくなると樹皮を食べるようになります。富士山で遠くの崖を望んでいると小さな砂埃《ほこり》があがっていることがあります。それはおそらく、ニホンカモシカでしょう。人間では決して歩くことができない急な斜面を器用に駆け回ることができます。

その秘密は足の蹄《ひづめ》にあります。2 本の蹄を大きく広げ、ほんの少しの岩の角に蹄をひっかけて、体を止めることができるのです。

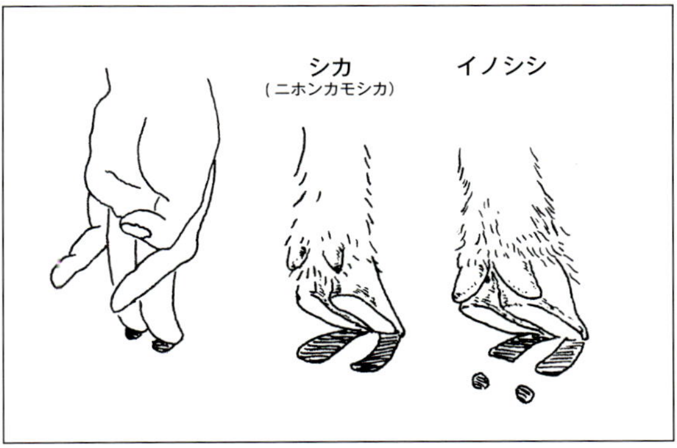

カモシカ、シカ、イノシシなどの偶蹄《ぐうてい》類は速く走るために指を退化させたと考えられています。実際に上の図のように、机の上に手を置いてみてください。手を偶蹄類の足に見立て、指先を着けたまま手首を上にあげてみると、中指と薬指の 2 本が残ります。そして残りの小指と人さし指を後ろに下げ、小さくし、親指を退化させたのが足の形です。前の指２本（主蹄）で踏ん張り、後ろ指（副蹄）がそれを補助する形になっています。

ニホンジカ *(Cervus nippon)*

シカ科 シカ属

体長：90 ～ 190cm

ニホンジカは日本中に生息し、日本人にとても親しみの深い動物です。富士山で出会う可能性の高い野生の哺乳類はこのニホンジカです。5 合目までの道を車で走っていると、突然車道に現れたり、群れで森の中からじっと見つめたりしていることがよくあります。

朝と夕方に行動し、主食の草を食べ歩きます。秋の交尾期になると、オスはフィーフィーと鳴き、メスはそれに応えるように鳴き、この時期の静かな森の中、愛のコミュニケーションが森中に響き渡ります。

ニホンジカのオスは毎年、角を生え替え、年をとるにつれて伸び、枝分かれをし、最大４本に枝分かれします。春先に落とされた角は、ネズミなど小動物たちの貴重なカルシウム源になっています。

冬になると富士山ではニホンジカが食用とする植物がなくなってしまうため、草の代わりに樹の皮などを食べるようになります。そうした、シカによる食害が大きな社会問題となっています。

足跡

フン

角

ニホンイノシシ

(*Sus scrofa leucomystax*)

イノシシ科 イノシシ属

体長：100 ～ 170cm

イノシシはその特徴的な鼻で植物の根や茎、ミミズや昆虫を掘り起こして食べる習性があります。時々、道脇が掘り起こされていることがあります。また、水たまりの泥を体になすりつけ、乾燥させた後、乾いた泥と一緒に体のダニや寄生虫を落とします。シカも同様の行為をしますが、このような場所を“ぬた場”と呼び、足跡や抜け毛が見つかることがあります。シカとイノシシの見分け方は、その足跡です。イノシシの場合は副蹄（後ろ指の部分）の跡が２つ残るという特徴があります。(P67)

ぬた場周辺では石や樹木を利用して、体をこすりつけた跡も見られます。

ノウサギ（*Lepus brachyurus*）

ウサギ科 ノウサギ属
体長：50 ～ 70cm

ノウサギは夜行性のため、昼間あまり出会うことはありません。ササなどの草を主食とし、時には木の支も食べます。もし、ササが低い位置でスパッと切れていたら、それはノウサギの食べ跡かもしれません。

ノウサギの特徴はその足跡です。雪の降った朝早くに外に出かけると、そこかしこに足跡が見られます。実は、前につく大きな足跡は後ろ脚のもの。小さい前足で地面を押さえ、体を海老のように曲げて、後ろ脚を前に持ってきます。後ろ脚のサイズで、ジャンプ力のすごさが分かります。もし、足跡を見つけたら、足跡を追ってみてください。他の動物から逃げたり、獲物を見つけたりした行動が推測できるかもしれません。

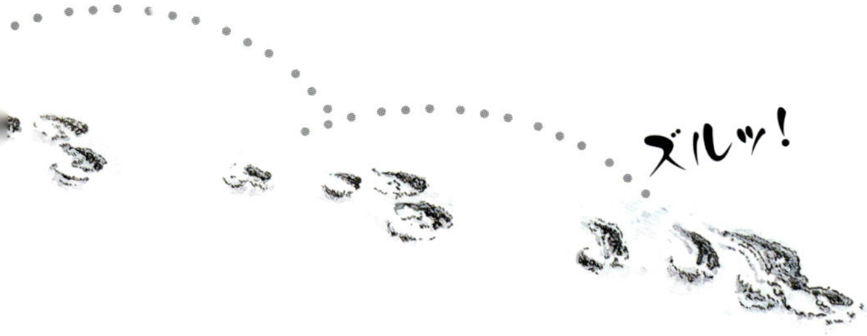

ニホンリス（*Sciurus lis*）

リス亜科 リス属　体長：18 ～ 22cm

　森の中で静かにしていると、樹幹の辺りを何かが走り回る音がします。おそらく、ニホンリスです。すばしっこく枝や幹を跳ね渡り、時折地面にも降りてきて、私たちを楽しませてくれます。広葉樹林帯の樹の上で暮らし、ドングリや松ぼっくりなどを食べます。

　よく周りより高い岩の上などで食事をしているのを見かけますが、それは外敵をいち早く察知するためだと考えられています。また森の中、倒木や石の上に小さなエビフライのようなものを見かけます。実は、これはリスが上手に松ぼっくりの中の種を食べた残りです。

　ニホンリスはドングリを冬の貯蔵のために埋める習性があります。埋めたドングリの食べ忘れが森の再生に貢献しているともいわれています。

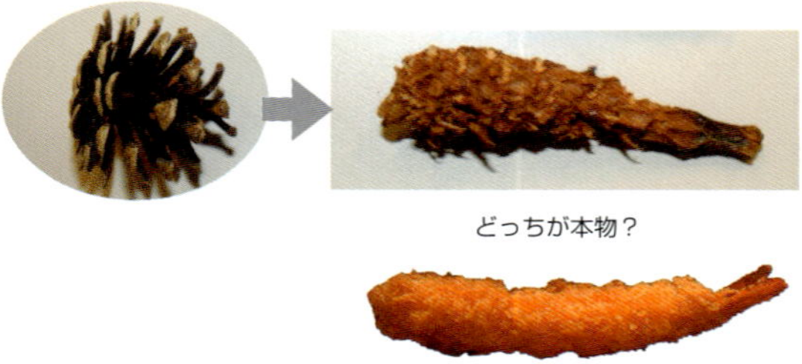

どっちが本物？

ニホンツキノワグマ

(*Selenarctos thiketanus japanicus*)

クマ亜科 クマ属（絶滅危惧種）

体長：100～150cm ぐらい

首に白い三日月模様を持つ日本の昔話でもおなじみのツキノワグマ。

主に植物食で、植物の葉、花、根、甘い果実やはちみつが大好物ですが、昆虫や死肉を食べることもあります。動物を襲って食べることも、報告されています。

ツキノワグマは、木登り名人で、鋭い爪を使ってするすると木に登ることができます。時折、樹幹に大きな枝の塊を見ることがありますが、それは、クリやドングリを食べるために、折った枝を重ね、尻に敷いてできた「クマ棚」です。普通、冬の間、樹洞や洞窟などで冬眠をして、春を待ちます。

日本では北海道を除く本州に生息し、九州では絶滅、四国では絶滅寸前だと考えられています。

野生動物と私たちとの付き合い方

現在日本では、私たち人間と野生動物との間で大きな課題を抱えています。

野生のクマが人里に出没し、農業被害や人間に直接危害を加えるなどのトラブルが増加しています。残念なことに、射殺されてしまうクマも少なくありません。これについては、主食とするドングリや昆虫などを育む落葉樹の森の減少、開発による生息地の減少、里山地域の過疎化によりクマが里に近づきやすくなったこと、安易に森にゴミを捨て、クマを呼び寄せてしまったことなど、様々な人的要因が考えられています。

また、国の特別天然記念物として指定されたニホンカモシカは、保護されたことで個体数が増加して、農地やヒノキの造林地などに被害をもたらすという新たな社会問題を引き起こすことになりました。

このような野生動物と人間とのトラブルは、日本のみならず、世界中の自然環境で起きています。私たちは、事故や食害を未然に防ぐ意味でも、生態をしっかり理解し、野生動物と人の共生を目指した社会作りを進めていく必要があるのではないでしょうか。

このドングリを食べたのは誰でしょう?

答えは P73

両生類

モリアオガエル

(*Rhacophorus arboreus*)

アオガエル科 アオガエル属

体長：5cm

カエルは昆虫やミミズを食べ、他の生き物に捕食されます。カエルが生息するということは、様々な生き物が暮らせる多様な環境があるといえます。

日本に生息する43種の中でも、モリアオガエルは面白い所に卵を産みます。霧や雨の夜に樹によじ登り、自らの分泌液で泡を作り、その中に卵を産みます。その下には必ず水たまりがあり、孵化したオタマジャクシがそこにポトリと落ちる仕組みです。おそらく、木の上で産む方が安全だからなのでしょう。富士山のように水の溜まりにくい場所でも、わずかな水が生き物たちの命をつないでいます。

高地でも生息できる

アズマヒキガエル

(*Bufo japonicus formosus*)

ヒキガエル科

ヒキガエル属

体長：6～15cm

雌の数が少なく、繁殖期にはわずかな水場で、一匹の雌に何匹もの雄が群がっているのが見られます。

鳥類

山 麓を含む富士山一帯には日本で確認されている野鳥約550種（渡り鳥も含む）の内、約130 種が観察されています。

山地では標高とともに気候や植生が変化し、それぞれの環境に適応した野鳥たちが数多く生息しています。

富士山の森の中を歩いている時、きれいな鳥のさえずりが聞こえたら、しばらく足を止めて観察してみてください。自然の中で活き活きと暮らす野鳥たちの生活が見えてくるでしょう。

カッコウ *(Cuculus canorus)*
ホトトギス科カッコウ属
体長：35cm

草原と隣接する明るい森の中で『カッコウ、カッコウ』と鳴き声が響き渡ります。人里離れた寂しい場所にすむことから、カッコウは閑古鳥《カンコドリ》ともよばれます。客が来なくて人が入らない様子を「閑古鳥が鳴く」というのはそのためです。カッコウは他の鳥の巣に自分の卵を産み落とし仮親にヒナを育てさせる托卵を行います。卵から孵ったヒナは自分の体に触れる他の卵やヒナのすべてを巣の外に落としてしまい、自分一羽が仮親から餌をもらうという習性で子孫を残す方法を選びました。

ホシガラス

(Nucifraga caryocatactes)

カラス科 ホシガラス属

体長：35cm

高山にすみ、黒い体に白い斑点を持つので和名では白い斑点を星に例えて“ホシガラス”と呼ばれ､5合目付近でよく見られる鳥です。雑食性で、カラマツの実や昆虫などの他に小鳥の卵やヒナまで食べます。マツの実を蓄える習性があり、食べ物のない冬にそれらを掘り起こして食べたりヒナに与えたりもします。

カケス *(Garrulus glandarius)*

カラス科 カケス属

体長：33cm

体全体は淡いブドウ色で、翼の一部に青と黒の非常に美しいシマ模様をもつ鳥です。しわがれ声が特徴ですが他の鳥の鳴きまねも上手で、時には野鳥観察者もだまされてしまうほどです。雑食性で果実から他の鳥のヒナまで食べますが、特にドングリを好み、秋には地中に埋めて蓄えます。埋めたドングリの食べ忘れが、森の再生に貢献しているともいわれています。

アオゲラ *(Picus awokera)*

キツツキ科 アオゲラ属

体長：29cm

　森の中から「ドドドド」と音がします。

　キツツキの仲間の縄張り宣言を表すドラミングの音です。垂直の木の幹に止まる習性から、鋭いツメを持つ両足と、しなやかで弾力性のある尾羽の３点でその体を支えます。アオゲラは背中全体が緑色でお腹にシマ模様をもつ日本固有種です。

アマツバメ *(Apus pacificus)*

アマツバメ科 アマツバメ属

体長：20cm

　宝永火口や崖の上空を三日月形に翼を広げ高速で飛び回るアマツバメ。餌となる虫を追い求めて天気の時は上空を飛び、天候が崩れる前の湿度の上昇で虫が下降してくるとそれに合わせて低空を飛びます。それがアマツバメ「雨燕」の名前の由来です。また、睡眠や交尾なども含む一生のほとんどを飛びながら過ごすといわれています。

ウグイス

(Cettia diphone)
ウグイス科 ウグイス属
体長：15.5cm

日本人に最もなじみの深い鳥、ウグイス。春になると「ホーホケキョ」と美しく特徴のある声で鳴くため「春告げ鳥」ともいわれます。また、その鳴き声が仏教の「法華経」に聞こえるため「経読み鳥」ともいわれます。ウグイスの糞にはタンパク質や脂肪の分解酵素や漂白酵素が豊富に含まれており、昔から和服のシミ抜きや美顔洗顔料として活用されてきました。

ルリビタキ *(Erithacus cyanurus)*
ツグミ科 ツグミ属
体長：14cm

背中が瑠璃色で、脇腹にオレンジの線の入った美しい鳥です。人をあまり恐れることはありませんが、暗い林の中を好むため、鮮やかな体色にもかかわらず見逃しやすい鳥です。オスは生まれてすぐに羽が瑠璃色になるのではなく、2年から3年ほどかけて、成長とともに美しい瑠璃色に変わっていきます。繁殖期には主に亜高山帯に生息し、「ヒョロロ、ヒョロロ」と鳴きます。

コガラ *(Parus montanus)*

シジュウカラ科 シジュウカラ属

体長：12.5cm

ベレー帽に蝶ネクタイをつけたようなかわいらしい小鳥、コガラ。「ホヒーホヒー」と鳴き、人なつっこい鳥です。針葉樹林を好み、夏は下層で、冬は中層で、虫やクモ、植物の種子などを食べて生活しています。また、小さくても頑丈なくちばしを使って堅い果実の実などもこじ開けて中身を食べることができます。

ヒガラ *(Parus ater)*

シジュウカラ科 シジュウカラ属

体長：11cm

日本のカラ類の中で一番小さな鳥、ヒガラ。顔が黒く、ほっぺが白く、頭頂の羽がちょっと立っているのが特徴です。よく針葉樹の先端に止まり、細く澄んだ声で「チョピンチョピン」と繰り返し鳴きます。

冬になるとカラ類は他のカラ類と混ざって混群を作ります。これは数が集まることで外敵を発見しやすいという利点があるからだと考えられています。

ミソサザイ *(Troglodytes troglodytes)*
ミソナザイ科 ミソサザイ属
体長：10.5cm

体重約10 グラム(1円玉 10 枚)と日本の野鳥の中では最も小さな鳥です。
しかし、その体格に似合わずさえずりは力強く、美しく森の中に響き渡ります。洞窟の天井などにコケを使って手のひらほどの大きさの丸い巣を作り、中にシカやタヌキなどの獣の毛を敷き詰めて巣をつくります。

鳥の大きさの比較
基準はスズメ

「森には無駄なものがない」とよくいわれます。野鳥たちは過酷な環境の中、お互いに助け合い、利用し合い、バランスを保ちながら生きています。そのためほんの少しの環境の変化が彼らの命を脅かしてしまいかねません。
春から夏にかけては野鳥にとって子育ての季節となります。特にこの時期、森の中での大きな音や動作は警戒心を与え、巣や卵を放棄させてしまうことも考えられます。
ぜひ、生活を意識し、「おじゃまします」の気持ちを忘れずに森に入るようにしましょう。

昆虫類

日本にはカブトムシ、バッタ、トンボ、セミ、ハチなど10万種以上の昆虫が生息しています。富士山では、標高700～1600メートルの落葉、広葉樹林帯にもっとも多くの昆虫類を見ることができます。ここでは登山中に山麓から風に乗って登ってきた代表的なチョウを紹介します。

アサギマダラ

（*Parantica sita*）

マダラチョウ科 アサギマダラ属

食草：キジョランなど　　前翅長：40～60mm

翅の模様が鮮やかで美しい大型のチョウ、アサギマダラ。春に北上し、秋になると南下を繰り返す「渡りチョウ」です。翅の透明部分にマークを入れて調べたところ、台湾から海を1800キロ渡り日本で発見されたという例もあります。鳥の渡りとは異なり、成虫は産卵して死んでしまいます。やがて卵から幼虫、蛹、羽化して成虫になると、親と逆のルートをたどって移動します。

体に毒を蓄えながら、鮮やかな色によって警戒させ、鳥などの外敵から身を守っています。

キアゲハ

(Papilio machaon)
アゲハチョウ科
アゲハチョウ属
食草：セリ科
前翅長：36 ～ 70mm

翅《はね》の後部に突起を持つアゲハチョウの仲間。山麓でも普通に見られ、幼虫は外敵から身を守るための臭いを発する角を持ちます。

キアゲハの幼虫

モンシロチョウ

(Pieris rapae crucivora)
シロチョウ亜科
モンシロチョウ属
食草：キャベツなど
前翅長：30mm

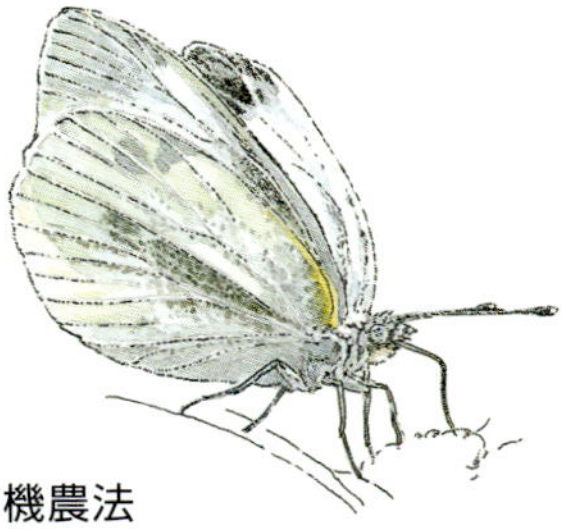

春を告げるチョウで、有機農法を行うキャベツ畑でよく見られます。体が小さいため、風に乗って富士山の高地を舞っています。

クジャクチョウ

(Inachis io geisha)
タテハチョウ科 クジャクチョウ属
食草：イラクサ類
前翅長：26 ～ 32mm

標高の高い山地で見られる美しい蝶です。翅には大きな目玉模様があり、外敵を驚かすためと考えられています。

9. 富士山の今

近年、夏の登山期だけでも、富士山には 30万人以上の登山客が訪れます。そして、富士山を愛する多くの人たちが、この富士山の美しさを次世代に残すため、様々な環境保全活動を行っています。

環境保全活動

多くのボランティアがゴミ拾い活動を行っています。皆さんも、もしゴミを見つけたら、富士山に対する感謝の証として、ゴミを拾ってください。みんなで、美しい富士山を守りましょう。

現在、富士山のほとんどの山小屋には、環境配慮型トイレが設置されています。バイオトイレでは、汚物はバクテリアにより分解され、堆肥として活用されています。

台風被害の森の回復など、一般の人や企業が、植林や森の手入れなどの森林整備活動を行っています。

1998 年、山梨県と静岡県は富士山を世界に誇る日本のシンボルとして、後世に引き継ぐため、富士山憲章を制定しました。

富士山憲章

静岡・山梨両県は、ここに富士山憲章を定めます。

1) 富二山の自然を学び、親しみ、豊かな恵みに感謝しよう。

1)富士山の美しい自然を大切に守り、豊かな文化を育もう。

1) 富士山の自然環境への負荷を減らし、人との共生を図ろう。

1) 富士山の環境保全のために、一人ひとりが積極的に行動しよう。

1) 富士山の自然、景観、歴史・文化を後世に末長く継承しよう。

平成 10 年 11 月 18 日
静岡県　山梨県

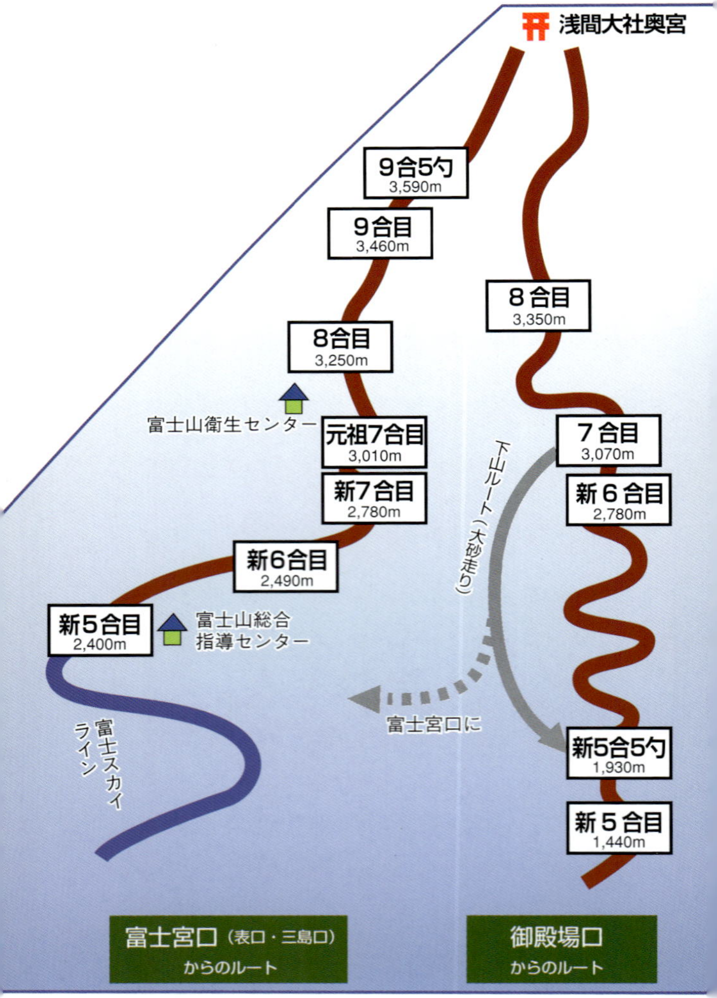

緊急連絡先

■静岡県

救助要請・山岳情報・登山届け／静岡県富士宮口、御殿場口、須走口

http://www.police.pref.shizuoka.jp/osirase/sangaku/index.htm

静岡県警察本部 地域課　TEL.054-271-0110

富士宮口　富士山総合指導センター（7月中旬から8月中旬）

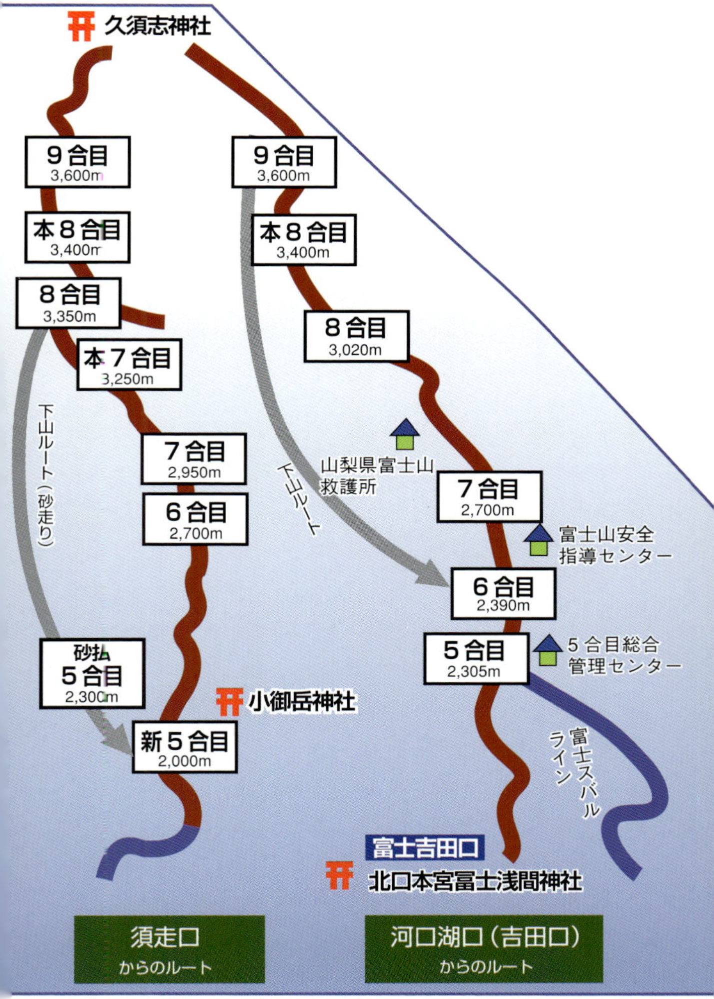

■山梨県

救助要請・山岳情報・登山届け／山梨県河口湖口（吉田口）

http://www.pref.yamanashi.jp/police/sangaku/yama.htm

山梨県警察本部 地域課　TEL.055-235-2121

河口湖口六合目　安全指導センター　TEL. 0555-24-6223

五合目　総合管理センター　TEL. 0555-72-1477

10. 富士山登山情報

登山時期

7 月 1 日～ 8 月 26 日。8 月 10 日から 20 日頃は日本の大型連休となり、車両規制が行われるため、注意が必要です。事前にインフォメーションセンターなどに問い合わせをしましょう。（P91）

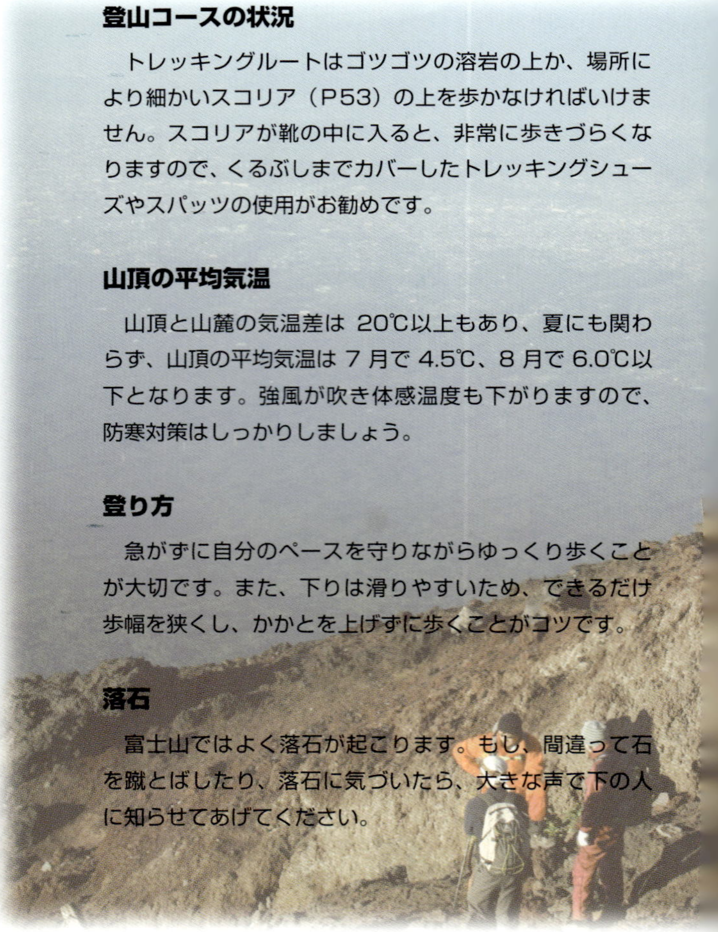

登山コースの状況

トレッキングルートはゴツゴツの溶岩の上か、場所により細かいスコリア（P53）の上を歩かなければいけません。スコリアが靴の中に入ると、非常に歩きづらくなりますので、くるぶしまでカバーしたトレッキングシューズやスパッツの使用がお勧めです。

山頂の平均気温

山頂と山麓の気温差は 20℃以上もあり、夏にも関わらず、山頂の平均気温は 7 月で 4.5℃、8 月で 6.0℃以下となります。強風が吹き体感温度も下がりますので、防寒対策はしっかりしましょう。

登り方

急がずに自分のペースを守りながらゆっくり歩くことが大切です。また、下りは滑りやすいため、できるだけ歩幅を狭くし、かかとを上げずに歩くことがコツです。

落石

富士山ではよく落石が起こります。もし、間違って石を蹴とばしたり、落石に気づいたら、大きな声で下の人に知らせてあげてください。

高山病

山頂の気圧は平地に比べ、2/3 となります。そのため、3000 メートルを超える頃、吐き気や頭痛を伴う高山病にかかる人が多く出ています。その際は下山することをお勧めします。

高山病にかからないために、深呼吸をして、自分の体を高度に適応させるようにゆっくりと歩き、循環血液量の減少を防ぐため、こまめに水を飲むことをお勧めします。

落雷

登山期の夏は、落雷が発生しやすくなります。事前に天気予報などで情報を調べ、無理のない登山計画を立てましょう。また、登山中に落雷が発生した場合は、速やかに下山し、安全が確保できる山小屋などに避難しましょう。

登山の際は、歩く際のコントロールがしづらいことと、疲れている方を優先する意味でも、下山の人を優先してあげましょう。

もちもの

富士山山頂登山にはお忘れ物がないように !!

	登山装備リスト	コメント	☑
ウエア	長袖シャツ	速乾性と保温性を高めるために、化繊もしくはウール素材がお勧め	
	Tシャツ		
	下着		
	防寒着	フリースなど。真夏でも必携	
	長ズボン	ジーンズは濡れたときに、動きの妨げとなり不適切	
	登山靴	くるぶしまでを包むタイプ	
	靴下	綿は靴擦れを起こしやすいため、登山用の厚手の化繊またはウール素材	
	雨具	強風などにも、対応できるよう上下セパレートタイプを使用	
	帽子	強い日差しよけ（キャップストラップ有ると便利）	
	ニット帽	防寒、保護	
	手袋		
行動用品	ザック	30L程度（ザックカバーがあると便利）	
	水筒（1L）	山小屋で補充。温かな飲み物がお勧め	
	行動食	クッキー、飴、チョコレートなど	
	地図・ガイドブック	この本をお忘れなく。	
	ヘッドランプ	電池と電球の予備を忘れずに	
	タオル・バンダナ	汗ふきやほこりよけ	
	ゴミ袋	ゴミは持ち帰りましょう！	
	時計		
	ティッシュ	水溶性のもの	
	救急用品類	ばんそうこう、解熱剤、常備薬など	
	健康保険証	緊急時対応	
	携帯電話	緊急時対応	
便利用品	筆記用具		
	ストック・登山杖	脚の負担を減らし、下山時に安全	
	スパッツ	保温性を高め、下山時など砂の侵入を防ぐ	
	サングラス	砂ぼこりの防止に	
	日焼け止め	直射日光が非常に強い	
	リップクリーム	乾燥止め	
	カメラ		
	携帯酸素	就寝前に使うとよく寝られる	

緊急時の連絡先及び基本情報の入手先：Basic Information

救助要請・山岳情報・登山届け

山梨県河口湖口（吉田口）

http://www.pref.yamanashi.jp/police/sangaku/yama.htm

山梨県警察本部 地域課　tel. 055・235・2121

静岡県富士宮口、御殿場口、須走口

http://www.police.pref.shizuoka.jp/osirase/sangaku/index.htm

静岡県警察本部 地域課　tel. 054・271・0110

富士登山・富士山麓情報

山梨県

富士河口湖町役場 観光課　tel. 0555・72・3168

http://www.fujisan.ne.jp

富士吉田警察署　tel. 0555・22・0110

富士吉田市役所 富士山課　tel. 0555・22・1111

http://www.city.fujiyoshida.yamanashi.jp

鳴沢村役場 企画課　tel. 0555・85・2311

http://www.vill.narusawa.yamanashi.jp

山梨県立富士ビジターセンター　tel. 0555・72・0259

http://www.fujigoko.co.jp/kawaguchiko/visitor.html

静岡県

富士宮口

富士宮市役所 商工観光課　tel. 0544・22・1155

http://www.city.fujinomiya.shizuoka.jp

御殿場口、須走口

御殿場市役所 商工観光課　tel. 0550・82・4622

http://www.city.gotemba.shizuoka.jp

自然について

環境省 富士五湖自然保護官事務所　tel. 0555・72・0353

環境省 沼津自然保護官事務所　tel. 055・931・3261

環境省 田貫湖ふれあい自然塾　tel. 0544・54・5410

http://tanuki-ko.gr.jp

河口湖フィールドセンター　tel. 0555・72・4331

http://www.fujigoko.co.jp/kawaguchiko/fild.html

コラム

登山杖は５合目から各合目で販売されています。

各合目では、登山証明のための焼印（有料）も押してもらえますので、登山の友としてだけでなく、お土産にもお勧めです。

11. あとがき

こうして富士山について考える機会を得ることで、富士山は日本人の心の中に常にあり続ける特別な山であることに気付かされます。

私たちは地域や先祖から受け継いだ心や文化を、次世代に引き渡す役割を持っています。富士山がいつまでも私たちの心の支えとしてあり続け、未来に向けて持続可能な環境にしていくには様々な課題が残されています。

富士山を取り巻く環境で、開発や温暖化現象を懸念することよりも、もっと重要なのは、私たちが自然に対する感性や共感、畏怖を見失いつつあることではないでしょうか。社会が変わっても、自然が豊かにあり続けて欲しいという思いは変わりません。

この本は、二人のインタープリターが富士山を案内したとき、そこで出会った数々の驚きや感動と疑問から生まれた一冊です。載せきれなかった事柄もたくさんあります。ここからはあなた自身がページを増やしていってください。

そして、最後に僕たちからの提案です。

自然の中に身を置いたときや訪れたところで、好きな場所を見つけてください。森羅万象の中で、私たちはいかに小さなものであるのか、自然に対して謙虚な気持ちを抱いたとき、すべての生命との一体感が強まることでしょう。

そして、家族や友人にそのことを話してみましょう。

驚きや感動を分かち合うこと、疑問に思うことが、想像力とともに好きな場所を守る原動力になるのではないでしょうか。

自然を楽しみ、そして環境について考えるきっかけになっていただければ幸いです。

著者

インタープリター

新谷《しんたに》　雅徳《まさのり》

1968年 兵庫生まれ。静岡大学卒。フロリダ工科大学修了。人や自然が大好きで、エコツーリズムの世界に入る。現在、国内外でインタープリテーションの指導、国際機関での書籍作成、自ら富士山のガイドを行う。富士山の見える静岡県芝川町に家を建て、妻、3人の子どもと暮らす。ボーイスカウト富士スカウト。現、環境コンサルタント、エコ・ロジック代表。

HYPERLINK　http://www.mtfuji.asia

アーティスティック
インタープリター

田神《たがみ》　稔夫《としお》

1957年 静岡生まれ。環境省直轄の富士箱根伊豆国立公園のビジターセンターでインタープリターとしての経験を持つ。アメリカ、スペイン、韓国などで水環境をテーマとした作品を発表し、コレクションされている。アートの手法を使い、いきものたちから、身近な自然や命の尊さを知り、環境への関心ときっかけづくりを提案している。

HYPERLINK　http://www.toshiotagami.com

Water Rings
62×81cm
色鉛筆彩画
Public Collection ▶
by　Tagami

11 あとがき

参考文献

『火山はすごい　日本列島の自然学』(2002) 鎌田浩毅 PHP 新書
『昆虫の生態図鑑』（1993）学研
『植物の生態図鑑』（1993）学研
『動物の生態図鑑』（1993）学研
『日本一の火山　富士山』(2008) 山梨県環境科学研究所
『富士山自然大図鑑』(1994) 杉野孝雄編・著　静岡新聞社
『富士山検定　公式テキスト』(2006) 富士山検定協会編・著
『富士山の極限環境に生きる植物』(1998) 増沢武弘著　建設省中部地方建設局富士砂防工事事務所
『富士山の自然と砂防』(2001) 国土交通省富士砂防工事事務所『富士山の自然と社会』(2002) 国土交通省富士砂防工事事務所『富士山の自然と対話』(1999) 山本玄珠　北水
『富士山の謎と奇談』(2007) 遠藤秀男　静岡新聞社
『富士山よもやま話』(1989) 遠藤秀男　静岡新聞社
『富士を知る』(2002) 小山真人 静岡大学教授 責任編集
『山渓カラー名鑑　日本の野鳥』(1996) 山と渓谷社
『Interpreting Our heritage』(1957) Freeman Tilden, Chapel Hill Books
『Roadside Geology of Hawai'i』(1996) Richard W. Hazlett and Donald W. Hyndman, Mountain Press
『Certified Interpretive Guide Training Workbook』(2006) Lisa Brochu / Tim Merriman Ph.D., National Association for Interpretation

謝辞

本書刊行にあたり、山梨県環境科学研究所長　荒牧重雄先生に火山の章、富士山本宮浅間大社　甲田吉孝さんより富士山の歴史文化の章、神奈川県生命の星地球博物館学芸員　動物担当広谷浩子さん、植物担当勝山輝男さん、日本野鳥の会　南富士支部　影山秀雄さんにより野生生物の章の校閲にご尽力をいただきました。また、山梨県環境科学研究所様、富士河口湖町役場様、ふじよしだ観光振興サービス様、山梨日日新聞社様、富士錦酒造様、田貫湖ふれあい自然塾様のお写真の提供、ホールアース自然学校のご指導なしでは、本書籍の完成に至ることはできませんでした。そして何より、最後まで細かな修正におつきあいいただいた静岡新聞社　大滝成治さんに心からの感謝と同社制作担当の長倉加代子さんに、最大限の感謝を送ります。最後となりますが、読者諸賢におかれましては、本書至らぬ箇所へのご叱責を、どうかよろしくお願いいたします。

2009 年 6 月 1 日　　著者　新谷雅徳、田神稔夫　識